Iris Borda

KAMA
FEMINISTA
SUTRA

ILUSTRADO POR

María
Uve

Random
CÓMICS

Papel certificado por el Forest Stewardship Council®

Primera edición: febrero de 2022

Printed in Spain – Impreso en España

ISBN: 978-84-18040-11-5
Depósito legal: B-18.808-2021

Impreso en Gómez Aparicio, S.A.
Casarrubuelos (Madrid)

CM40115

Queremos dedicar este libro a las mujeres. A todas. A las de antes y a las de ahora. A las que vivieron una sexualidad castrada, centrada en exclusiva en el placer del otro, y a las que tenemos la oportunidad de cambiar esta injusticia. A las que lucharon para que nosotras tuviésemos hoy esta oportunidad. A las que pelean a nuestro lado, a las que pelearán después de nosotras.

A vosotras, a todas.

Os dedicamos este libro porque nos lo merecemos.

Merecemos habitar nuestros cuerpos y nuestros orgasmos.

ÍNDICE

MASTURBACIÓN

SEXO ORAL

JUGUETES SEXUALES

SEXO LÉSBICO

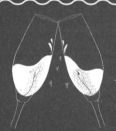

PENETRACIÓN

PRÓLOGO

El *Kamasutra* es el libro sobre sexualidad más famoso que existe. Todo el mundo ha oído hablar de él y a todos nos ha provocado una sonrisa tímida imaginar qué posturas misteriosas y placenteras esconderían sus páginas. Quizás es por esta curiosidad que aún nos sigue provocando este libro que, si buscamos «Kamasutra» en el Google, nos salen miles de entradas, con miles de imágenes de posturas sexuales y sus correspondientes explicaciones. ¿Qué tiene de especial, entonces, este libro que tienes entre las manos?, te preguntarás. Es una buena pregunta, así que voy a tomarme la libertad de responderla en este prólogo. Este libro no es otra edición más del *Kamasutra*. Este libro es una crítica al *Kamasutra*, una actualización del *Kamasutra*, un grito feminista hacia una sexualidad caduca que precisa ser reflexionada y renovada.

Este libro nace de la esperanza de hallar una sexualidad más igualitaria y trae una propuesta concreta: una revisión y ampliación de las posturas del Kamasutra original. En esta propuesta hemos tenido en cuenta muchas cosas, aunque hay una que destaca por encima de todas las demás: el placer de la mujer. Porque, sí: este es un kamasutra pensado desde y para las mujeres.

Es un kamasutra que tiene en cuenta nuestra realidad y es precisamente por tener en cuenta la realidad de las mujeres que es necesario un examen de la sexualidad. Escoger el libro del *Kamasutra* como base para esta revisión no ha sido una decisión al azar. Como ya he dicho, y como bien sabrás, el *Kamasutra* es el libro sobre sexo más famoso que existe, pero eso no quita que sea un libro antiguo que se ha quedado anacrónico. Fue un libro revolucionario en su momento, aunque fuese por el mero hecho de atreverse a hablar de sexo, pero lo que era revolucionario entonces no tiene por qué seguir siéndolo ahora. De hecho, esa es la esencia de la revolución: provocar que los cambios deseados acaben formando parte intrínseca de la sociedad. El *Kamasutra* original era un libro escrito por hombres, dirigido a hombres y centrado en el placer de los hombres, porque la sociedad donde floreció era una sociedad de hombres y para hombres. Es por eso que vemos tan útil una revisión feminista del *Kamasutra*, porque creemos necesario que las mujeres adquiramos espacio y voz dentro de la sexualidad. Para lograr este objetivo, no nos hemos contentado con variar un poco las posturas que aparecían en el *Kamasutra* original, sino que hemos cambiado hasta la misma estructura del libro. No nos basta con reformar la sexualidad, pretendemos trans-

DARTE PLACER
ES DARTE AMOR.

formarla por completo. El libro original del *Kamasutra* contaba con 36 capítulos, divididos en siete partes:

1. **INTRODUCCIÓN**
2. **SOBRE EL ACTO SEXUAL**
3. **SOBRE LA ELECCIÓN DE UNA ESPOSA**
4. **SOBRE LA ESPOSA**
5. **SOBRE LAS ESPOSAS DE OTROS**
6. **SOBRE LAS CORTESANAS**
7. **SOBRE ATRAER A OTRAS PERSONAS**

Huelga decir que, como mujeres feministas, este índice se nos hacía intolerable. ¿Por qué «sobre la esposa» y no «sobre el marido»? ¿Por qué habla de «esposa» y luego de «cortesanas», acaso hay categorías de mujeres? Estas preguntas, y muchas otras, nos llevaron a reestructurar el índice y presentar un índice del *Kamasutra* que saca a la mujer de la periferia y la coloca en el centro. Nuestro índice consta de cinco partes en las que, además de buscar el placer de la mujer, nos hemos

TU DESEO IMPORTA.
TU PLACER IMPORTA.
TÚ, IMPORTAS.

alejado del falocentrismo, del coitocentrismo y de la hetero-normatividad.

1. **MASTURBACIÓN**

2. **SEXO ORAL**

3. **JUGUETES SEXUALES**

4. **SEXO LÉSBICO**

5. **PENETRACIÓN**

Como veis, nuestra propuesta de sexualidad está muy alejada de la que contiene el *Kamasutra* original, precisamente por-que queremos mostrar una sexualidad diferente, una sexuali-dad que tiene en cuenta a la mujer, su deseo y su placer. Una sexualidad cada vez más igualitaria. Nuestra vida sexual está influenciada, sino determinada, por nuestro contexto social y por nuestro aprendizaje. Por tanto, vemos muy importante ofrecer materiales para que el aprendizaje sobre sexualidad sea cada vez mejor. Materiales como este libro.

Al inicio de cada apartado hay una breve explicación sobre por qué consideramos que ese apartado es importante, y qué que-remos aportar con esto. Sin embargo, y aunque dentro del libro

hallaréis mucha más información, no quiero terminar este prólogo sin resaltar, una vez más, lo básico: es necesaria una crítica feminista de la sexualidad, y este es nuestro granito de arena.

Este libro hace un simpático acercamiento a la sexualidad feminista. Puede parecer que dicha sexualidad, al partir del deseo y placer de la mujer, olvida o margina al hombre. Si lo pensamos con detenimiento, veremos que no es así. Queremos poner el foco en la mujer porque seguimos siendo la periferia, incluso en la sexualidad. Seguimos teniendo normalizado un tipo estándar de relación sexual, el que vemos en las películas, que se basa en un mete-saca rápido, sin tener en cuenta nada más que el placer del hombre a través de la penetración mecánica. Por eso es revolucionario poner en el centro el placer de la mujer, y partir de allí.

La sexualidad que aprendemos a través de la cultura que nos rodea (el cine, la literatura, la música, los videoclips) es una sexualidad centrada en el hombre y que parte de su placer. Con este libro movemos ese foco de atención hacia la mujer, su placer y su deseo, y es así, poniendo también a la mujer en el centro, como podemos empezar a construir una sexualidad más igualitaria. Llevamos toda la vida sabiendo qué desean ellos. Es hora de que nos preguntemos qué deseamos nosotras.

EXPLICACIÓN DEL ÍNDICE DE POSTURAS

O tro cambio que vais a notar en esta revisión del *Kamasutra* son los nombres que hemos dado a las diferentes posturas sexuales. Cabe señalar que los nombres que hoy en día son tan populares, como «el misionero» o la postura «del perrito», no proceden del texto original del *Kamasutra*. Son nombres muy posteriores. El nombre de «el misionero», por ejemplo, se lo debemos a Alfred Kinsey, en 1948.

No queremos convertir este breve apartado en una investigación sobre el origen de los nombres de las posturas sexuales más famosas. Solo queremos explicar por qué hemos escogido los nombres que hemos escogido en este libro.

Hemos eliminado las nomenclaturas que incluían animales, como «el perrito», no porque nos parezca degradante la comparación, sino porque no la entendemos. Creemos que somos capaces de nombrar las posturas sexuales sin recurrir a comparar nuestra sexualidad con la de otras especies. Optamos por describir nuestra sexualidad en base a nosotras mismas, y no mediante comparaciones desafortunadas.

Por otro lado, hemos eliminado cualquier referencia nomenclatural a distintas etnias y nacionalidades. Las posturas sexuales, igual que la sexualidad, existen para todo el mundo. Nombrarlas basándonos en un origen étnico nos parecía falsearlas (pues dudamos que la postura del «candelabro italiano» se inventara en Italia), y también nos parecía perpetuar y caer en ciertos estereotipos de los que preferimos desprendernos.

Por todo esto, nos hemos decidido por nombrar a las diferentes posturas sexuales que aparecen en este libro a partir de la posición del cuerpo de la persona que las practica.

Así, la «masturbación celeste» o el «oral celeste», tienen ese nombre en referencia a que la persona está boca arriba, mirando al cielo (o al techo de su habitación). La «masturbación terrenal», en cambio, alude a que estamos tumbadas boca abajo en el colchón, mirando hacia la tierra. La «masturbación aérea» se refiere al uso del cojín, que nos eleva unos centímetros por encima del colchón. Además, ¿no parecen las nubes tan blanditas como una almohada? La «masturbación líquida» apunta hacia los flujos que veremos al masturbarnos frente a un espejo.

Otros nombres provienen de aquello a lo que nos recuerda la forma que adoptan nuestros cuerpos al realizar esa postura, como pueden ser «el columpio» o la «flor de loto». Aunque la postura «flor de loto» sí que se ha nombrado así tradicionalmente.

Las palabras que usamos para describir las cosas tienen mucha importancia. Van a resonarnos de una forma u otra, despertándonos distintas emociones. Es por eso que hemos renombrado las posturas, con nombres que consideramos neutros y agradables, y es también por eso que hemos decidido exponer nuestros motivos en este breve apartado.

MASTURBACIÓN

Empezar un libro sobre sexualidad hablando de la masturbación me parece un acierto por diversos motivos. En primer lugar, porque la masturbación es la entrada normal y sana de una persona a la sexualidad. En la inmensa mayoría de los casos, descubrimos el sexo a través de la masturbación. No entendemos, por tanto, que sea un tabú o un tema tan poco tratado.

En segundo lugar, arrancamos hablando de posturas masturbatorias para darle a la masturbación el lugar que se merece. Porque la masturbación no es «sexo de segunda» ni «algo que hacemos cuando no tenemos la posibilidad de tener sexo con otra persona». La masturbación es una relación sexual completa. La realidad es que no necesitamos a nadie más que a nosotras mismas para sentir placer y alcanzar el orgasmo.

Y, en tercer lugar, queremos hablar de la masturbación porque también nos parece una forma de aprendizaje, casi una condición para una posterior sexualidad sana con segundas personas.

Cuando nos masturbamos, nos conocemos. Investigamos qué nos gusta, descubrimos nuestro cuerpo y aprendemos cuáles son nuestras zonas sensibles. Como se suele decir, si no sabes qué te gusta, ¿cómo se lo vas a explicar a tu amante?

Por último, con este apartado queremos romper con la idea de que la masturbación se limita a algo rápido y centrado en los genitales. La masturbación es una relación sexual contigo misma y puede durar desde minutos hasta horas. No tenemos por qué limitarla a una paja rápida, cuyo único objetivo sea alcanzar el orgasmo en el menor tiempo posible.

MASTURBACIÓN CELESTE

Esta postura consiste en tumbarnos boca arriba y masturbarnos. Nos ofrece un fácil acceso a nuestros genitales y también a otras partes erógenas de nuestro cuerpo, como nuestros muslos o nuestros pechos. Quizás sea esta la postura masturbatoria más típica, pero no por eso es menos interesante. Nos brinda la posibilidad de acariciar nuestra vulva e incluso de penetrarnos con los dedos.

Es una postura cómoda y sencilla, también fantástica para mujeres con movilidad reducida, pues podéis usar cojines que os ayuden a colocar mejor la cadera, acomodaros las piernas y encontrar la postura más confortable posible antes de dedicaros al amor propio.

LLÉVATE TÚ MISMA A LAS ESTRELLAS.

MASTURBACIÓN TERRESTRE

~~~~~~~~~~~~~~~~~~~~~~~~~~~~~

Nos tumbamos boca abajo, gozando del roce de nuestro cuerpo contra las sábanas y de esta maravillosa forma de masturbación. Metemos un brazo entre nuestro cuerpo y la cama, y lo llevamos hasta nuestros genitales, donde tendremos fácil acceso a nuestro clítoris, a nuestra vulva y a nuestro placer.

Si bien cabe recordar que el placer no es el único beneficio de la masturbación ni del sexo en general. Hablemos de hormonas.

MEJORA NUESTRO ESTADO DE ÁNIMO. El orgasmo libera oxitocina y dopamina, dos hormonas relacionadas con el afecto y el buen humor.

MEJORA NUESTRO SUEÑO. Al llegar al orgasmo, segregamos serotonina, una hormona que interviene en la relajación y en la regulación y calidad del sueño.

REDUCE EL ESTRÉS. Las hormonas liberadas con el orgasmo nos ayudan a relajarnos.

MEJORA NUESTRA SALUD CARDIOVASCULAR. Muchas son las sustancias que se generan con un orgasmo, entre ellas óxido nítrico, endorfinas y adrenalina, que actúan como vasodilatadores que impulsan una mejor circulación sanguínea.

DEMUÉSTRATE QUE TE QUIERES.

MASTURBACIÓN AÉREA

Si queremos probar a masturbarnos con algo más que nuestras manos, podemos empezar por usar una almohada. Su textura suave y blanda es ideal para darnos placer sin causarnos ningún daño.

Nos colocamos encima de la almohada y frotamos nuestra vulva contra ella. Podemos cambiar de ritmo o de presión, e incluso podemos cambiar de postura. Podemos probar a tumbarnos sobre la almohada o a sentarnos sobre ella, así tendremos las manos libres para acariciarnos otras partes del cuerpo.

LA MASTURBACIÓN ES UNA FORMA DE PRACTICAR LA AUTOESTIMA.

MASTURBACIÓN LÍQUIDA

Esta postura consiste en masturbarnos delante de un espejo en el que podamos observar nuestra vulva. Es una postura pensada para el autoconocimiento, que es otro maravilloso beneficio de la masturbación.

Al observar nuestra vulva en un contexto masturbatorio, podremos aprender qué zonas nos proporcionan más placer o cómo nos gusta que nos toquen, pero también podremos familiarizarnos con nuestras vulvas. Cada una es distinta y conocer la nuestra, identificar sus partes y saber nombrarlas, contemplar su forma, sus flujos y sus colores es el primer paso para amarla, para romper con todos los complejos relacionados con ella que podamos tener.

Nuestra vulva es preciosa. Acostumbrémonos a mirarla y a forjar con ella una relación cercana, porque conocer, amar y respetar nuestro cuerpo es el primer paso para una sexualidad sana.

NUESTRAS VULVAS, CON SUS FLUJOS Y SUS OLORES SON NATURALES. SON HERMOSAS.

MASTURBACIÓN AJENA

A pesar de que la masturbación tiende a ser una práctica sexual que nos realizamos nosotras mismas, nada nos impide que nos masturbe otra persona y probar con ella todas las posturas masturbatorias que se nos ocurran. Si bien la masturbación puede ser una relación sexual completa, también podemos añadir juguetes u otras prácticas sexuales.

Cuando nos masturba otra persona, además, esta tiene un mayor acceso a nuestro cuerpo, no solo a nuestros genitales. Por eso os invitamos a descentralizar la masturbación de nuestras vulvas e invitar a la otra persona a explorar otras partes de nuestro cuerpo.

Pero si hay algo importante en esta postura es la comunicación. ¡Que no nos dé miedo pedir aquello que nos gusta!

MERECES DISFRUTAR DE TU CUERPO.

MASTURBACIÓN CONJUNTA

La masturbación no tiene por qué ser algo solitario ni tampoco unidireccional. Podemos masturbarnos con otra persona, algo que resulta ideal no solo para obtener placer, sino también para favorecer la comunicación sexual entre ambos. Es un momento idóneo para comentar qué nos gusta, preguntar qué le gusta a la otra persona y sentar unas firmes bases comunicativas. Gran parte del éxito de las experiencias sexuales con otras personas recae en la comunicación y en la confianza para comunicar.

La masturbación conjunta es perfecta para esto. Nos centramos en el placer de la otra persona y ella en el nuestro, así podemos observar sus reacciones y aprender de ellas.

EL PLACER PUEDE AUMENTAR AL COMPARTIRLO.

PIERNAS CRUZADAS

Existe otra forma de masturbación femenina, tal vez menos conocida que las demás, pero igual de interesante. Si no logramos alcanzar el orgasmo solo con esta práctica, no hay que preocuparse, es perfectamente normal, podéis combinarla con otros tipos de masturbación.

Consiste en sentarnos o en tumbarnos, cruzar las piernas e ir apretando los muslos de forma rítmica. Así logramos estimular el clítoris de forma indirecta, al generar presión sobre nuestros genitales.

LLÉVATE EL PLACER CONTIGO ADONDE QUIERA QUE VAYAS.

Con esto terminamos la parte del libro dedicada a la masturbación. Esperamos haber aportado ideas y conocimientos, y haberte ayudado a romper con la idea de que la masturbación es sexo de segunda.

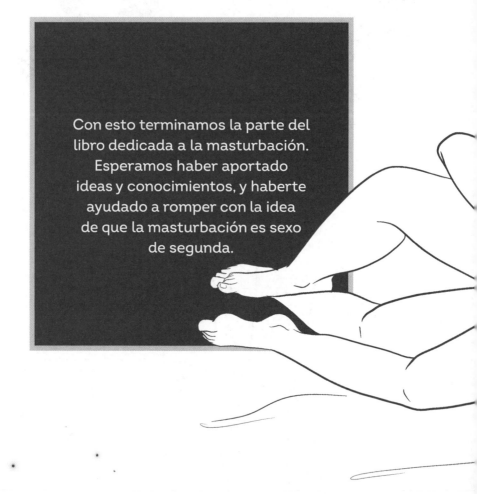

SEXO
ORAL

Dedicar la segunda parte del libro al sexo oral es también una declaración de intenciones. Nuestro objetivo con esto es claro: romper con la idea de que el sexo oral es un preliminar.

El sexo oral es una práctica sexual más, no está supeditado a otras prácticas sexuales de mayor importancia, porque todas tienen la misma importancia. Tachar de «preliminares» al sexo oral es colocarlo en una posición de inferioridad respecto al coito, dando a entender que el sexo es sinónimo de penetración y que todo lo demás solo sirve para prepararnos para eso. Queremos romper con este mito.

El sexo oral puede ser una práctica más dentro de una relación sexual más amplia o puede ser una relación sexual completa. Podemos alcanzar el orgasmo a través del sexo oral. De hecho, el número de mujeres a quienes les resulta más sencillo llegar al orgasmo a través del sexo oral que a través de la penetración es un número muy alto. Entender esto es muy sencillo cuando pensamos en el clítoris.

El clítoris posee aproximadamente unas ocho mil terminaciones nerviosas y su única función es dar placer, de hecho, es el único órgano del cuerpo humano con esa sola función. Estimular el clítoris es esencial para que la mujer alcance el orgasmo, y aunque hay varias formas de estimularlo, una de las más eficaces es estimular el glande (la parte visible), lo cual es perfectamente posible a través del sexo oral.

Por todo esto, le dedicamos al sexo oral un apartado entero de este libro, para reivindicarlo como lo que es: una práctica sexual más y no un mero preliminar preparatorio.

69

LAS LENGUAS SABEN HABLAR
MUCHOS IDIOMAS.

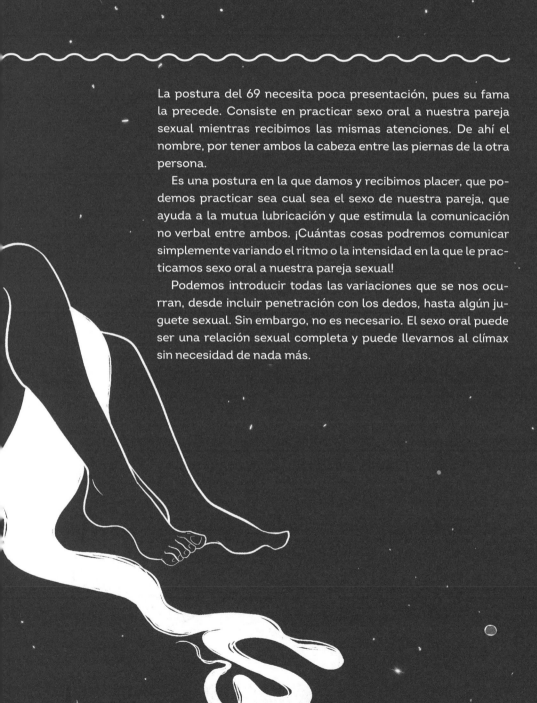

La postura del 69 necesita poca presentación, pues su fama la precede. Consiste en practicar sexo oral a nuestra pareja sexual mientras recibimos las mismas atenciones. De ahí el nombre, por tener ambos la cabeza entre las piernas de la otra persona.

Es una postura en la que damos y recibimos placer, que podemos practicar sea cual sea el sexo de nuestra pareja, que ayuda a la mutua lubricación y que estimula la comunicación no verbal entre ambos. ¡Cuántas cosas podremos comunicar simplemente variando el ritmo o la intensidad en la que le practicamos sexo oral a nuestra pareja sexual!

Podemos introducir todas las variaciones que se nos ocurran, desde incluir penetración con los dedos, hasta algún juguete sexual. Sin embargo, no es necesario. El sexo oral puede ser una relación sexual completa y puede llevarnos al clímax sin necesidad de nada más.

ORAL AÉREO

Nos tumbamos en la cama, con una almohada debajo de la cadera para elevar la pelvis, y nuestra pareja sexual se coloca con su cabeza entre nuestras piernas. Ahora nos relajamos y ¡a disfrutar!

Como ya hemos mencionado, el clítoris tiene más de ocho mil terminaciones nerviosas y es el único órgano del cuerpo humano cuya única función conocida es la de darnos placer. Estimularlo con la lengua y los labios puede resultar muy placentero, sobre todo si le indicamos a nuestra pareja cómo nos gusta lo haga. Que no nos dé miedo comunicar, pedir o expresar lo que estamos sintiendo, ni guiar a nuestra pareja sexual para que aprenda la mejor manera de darnos placer oral.

EL PLACER ES LA FORMA MÁS SEGURA DE ARRANCAR A VOLAR.

ORAL CELESTE

Nos tumbamos, doblamos las piernas y las apretamos contra nuestro pecho. Con esta postura nuestra pareja tendrá total acceso a nuestra vulva y a nuestro ano, tanto con su boca como con sus manos. También a nuestras piernas, espalda, muslos, glúteos, pies y demás partes de nuestro cuerpo. No tenemos por qué limitar la experiencia a los genitales.

Es una postura íntima e intensa, de la que nos resultará sencillo pasar a cualquier otra postura.

EL IDIOMA DEL PLACER ES UNIVERSAL.

ORAL TERRESTRE

Para realizar el oral terrestre, debemos colocarnos a cuatro patas mientras nuestra pareja nos practica sexo oral desde detrás. Es una postura muy versátil que invita a combinar diferentes prácticas sexuales.

Nuestra pareja podrá:

PRACTICARNOS SEXO ORAL

MASTURBARNOS CON LOS DEDOS

USAR JUGUETES SEXUALES

ALTERNAR EL SEXO ORAL CON LA MASTURBACIÓN

ALTERNAR EL SEXO ORAL CON LA PENETRACIÓN, EN CASO DE TENER PENE

Y un larguísimo etcétera.

¡Esta postura, como cualquier otra, es ideal para adaptarla a nuestros gustos como mejor nos parezca!

CON LOS PIES EN LA TIERRA Y EL GOZO EN EL CIELO.

ORAL DE PIE

Para las que preferimos mirar a nuestra pareja a los ojos mientras nos da placer, podemos probar con el sexo oral de pie. Es una postura en la que tendremos un control total de su acceso a nuestra vulva y a nuestro clítoris, pues podremos abrir o cerrar las piernas cómo y cuándo queramos.

Es un momento ideal para que nuestra pareja explore nuestro cuerpo y se fije en nuestras reacciones. Podremos mantener contacto visual en todo momento, lo cual puede facilitar la comunicación. Dejemos que explore y descubra qué nos gusta, dándole pequeñas pistas, o digámosle directamente cómo preferimos que nos toque. La comunicación es la forma más rápida y sencilla de asegurarnos de que nuestra pareja sexual sabe cómo darnos placer.

PARA PODER DISFRUTAR DEL SEXO, DEBEMOS SENTIRNOS CÓMODAS Y SEGURAS.

ORAL TRASERO

Si lo que queremos es probar cosas nuevas, esta es nuestra postura. Es una postura que puede darnos mucho juego. Nos tumbamos en posición fetal y nuestra pareja sexual se tumba a nuestra espalda, con su cabeza en la posición contraria de la nuestra.

No se trata solo de recibir sexo oral desde atrás, sino de dejar que la otra persona descubra nuestro cuerpo desde un nuevo punto de vista. Antes de llegar a la vulva y al ano, puede colocarse detrás y, empezando por los pies y los tobillos, recorrernos las piernas hasta la vulva. Incluso podría seguir subiendo por la espalda, cuello y nuca.

A veces solo hace falta cambiar la perspectiva un poco para descubrir un nuevo mundo de placer.

¡AMEMOS A NUESTROS CUERPOS, QUE NOS PERMITEN SENTIR TANTO PLACER!

EL TÚNEL

Recibir sexo oral no tiene por qué colocarnos en una posición pasiva. Esta postura nos permite dominar la situación a la vez que recibimos sexo oral. Nos colocamos a horcajadas encima de la cara de nuestra pareja sexual y, por tanto, nosotras seremos las que decidiremos el ritmo y la intensidad, nosotras seremos las que les daremos más o menos acceso a nuestra vulva y nosotras seremos las que podremos mover nuestras caderas al ritmo que prefiramos para rozar nuestras vulvas con sus labios y lenguas.

SIÉNTATE Y DISFRUTA.

Terminamos aquí con las posturas sexuales dedicadas al sexo oral. Esperamos haberos aportado ideas nuevas y haber roto con el mito de que el sexo oral es un preliminar.

JUGUETES SEXUALES

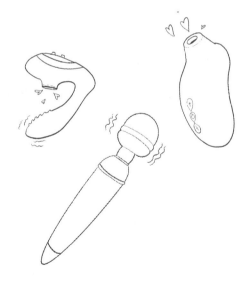

Este es el único apartado sobre el que hemos dudado si introducirlo o no. Hemos dudado porque creemos, con firmeza, que los juguetes sexuales no son necesarios para una sexualidad sana, ni siquiera para una sexualidad mejor. Son simples complementos. Nuestros cuerpos están capacitados para darnos todo el placer que podemos sentir.

Otro motivo por el que dudábamos sobre si incluirlos es por el hecho de estar publicitando de forma indirecta a una industria que no siempre es de nuestro agrado. Pero al final nos hemos acabado decidiendo por introducirlos por un simple motivo: son un complemento sexual como cualquier otro, que puede ser útil y placentero.

No vamos a citar marcas concretas, pues no queremos que este apartado funcione como una estrategia de ventas de ninguna marca en particular, sino que queremos usarlo para compartir algunas ideas. Como decía, los juguetes sexuales pueden ser muy placenteros e incluso divertidos.

No nos hemos centrado en juguetes pensados para la penetración, sino que hemos hecho una selección de varios tipos distintos, para mostrar juguetes sexuales que se alejen del típico vibrador que todas ya conocemos. De hecho, os animamos a probar este tipo de juguetes en otras partes de nuestro cuerpo (o del cuerpo de nuestra pareja sexual) más allá de los genitales.

Recordad que pueden ser útiles, pero no necesarios.

MICRÓFONO

La tecnología se ha colado en todos los ámbitos de nuestra vida, también en el de la sexualidad. Y lo ha hecho en forma de juguetes sexuales, como este que os presentamos aquí, un masajeador con forma de micrófono. Podéis encontrarlo en diversas formas y colores, y dependiendo de la marca que escojáis, también pueden variar sus velocidades o distintas funciones.

Suelen ser sumergibles, fáciles de lavar y pueden ir acompañados de distintos cabezales con todo tipo de formas y texturas pensadas para aumentar nuestro placer.

Es un juguete erótico ideal para estimular el clítoris, aunque no tenemos por qué limitarnos a los genitales. Puede ser la ocasión perfecta para descubrir otros rincones placenteros de nuestro cuerpo o del cuerpo de nuestra pareja sexual.

EL PLACER QUE NOS HACE CANTAR.

SUCCIONADOR DE CLÍTORIS

~~~~~~~~~~~~~~~

Durante años, los juguetes sexuales parecían estar centrados en la penetración. Hoy en día hay muchos juguetes pensados para una estimulación externa de la vulva, siendo el más famoso de todos ellos el succionador de clítoris. Lo podéis encontrar en distintas marcas, formas y colores, y usarlo en distintas partes de vuestro cuerpo.

Nos parece un motivo de alegría que un órgano como el clítoris esté ganando protagonismo dentro de la sexualidad, y que cada vez se lo conozca y visibilice más. Es por eso que hemos escogido este juguete sexual, entre otros, para subrayar el placer que nos puede proporcionar una buena estimulación de nuestro clítoris.

Sin embargo, ningún juguete sexual es necesario en nuestra sexualidad, ni para llegar al orgasmo. Son meras herramientas que pueden ser útiles y divertidas, nunca una obligación.

¡ELIGE LA VELOCIDAD Y LA POTENCIA A LA QUE QUIERES DESPEGAR!

SUCCIONADOR DE CLÍTORIS CON ESTIMULACIÓN POR PENETRACIÓN

Este es el único juguete sexual de los tres que os presentamos que incluye la penetración. Se trata de un aparato que junta la estimulación del clítoris a través de la succión externa con la estimulación del clítoris de forma indirecta desde dentro de la vagina. Si disfrutáis de la práctica sexual de la penetración, este juguete es para vosotras.

EL PLACER SE LLEVA POR FUERA Y POR DENTRO.

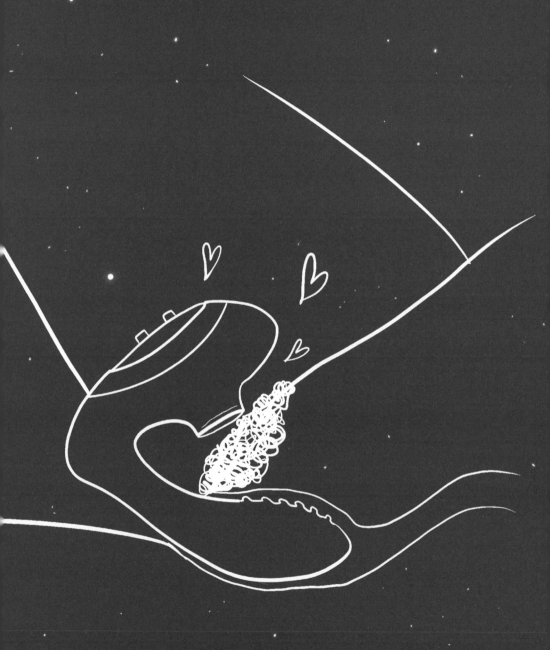

Reiteramos que los juguetes
sexuales no son una necesidad
ni una forma segura de mejorar
nuestras experiencias sexuales.
Dicho lo cual, si os gustan
y queréis experimentar con
ellos, existen muchísimos otros
juguetes sexuales que podéis
disfrutar en soledad
o acompañadas.

SEXO
LÉSBICO

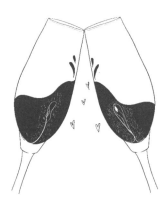

Dedicar un apartado al sexo entre mujeres tiene dos razones de ser. La primera, igual que con el sexo oral, porque aún hoy en día se toma el sexo lésbico como una subcategoría y hay que romper con eso. El sexo entre mujeres es sexo y es un sexo completo.

La segunda, porque queremos colaborar a romper el mito de que el sexo lésbico es una imitación del sexo heterosexual. Un mito desafortunado y fomentado por la pornografía, que trata el sexo entre mujeres como una categoría y un fetiche, y por la cultura machista, que siempre parece dispuesta a preguntarse que «quién de las dos hace de hombre» o a sentenciar que «no les gustan los hombres porque no han probado una buena...».

Esta ocultación social del sexo entre mujeres cobra un nuevo sentido ideológico cuando vemos que la sexualidad que aprendemos es marcadamente falocéntrica. Si pensamos en el coito (la penetración) como sinónimo de sexo, es lógico pensar que una sexualidad sin coito es una sexualidad coja, incompleta. El error es creer que la penetración es la práctica sexual más importante, cuando es simplemente una práctica sexual más. Para muchas mujeres ni siquiera es la más placentera.

También queremos ayudar a visibilizar estos debates y a normalizar el sexo entre mujeres, empezando por dejar claro que las mujeres que solo tienen (y han tenido) sexo con otras mujeres no se están perdiendo nada. De igual forma que todo el mundo da por sentado que los hombres heterosexuales no se pierden nada por no estar con otros hombres.

El placer femenino no precisa de un hombre para conseguirse.

VULVA CON VULVA CELESTE

Entrelazamos nuestras piernas con las de nuestra amante, hasta lograr que nuestras vulvas se toquen. Podemos quedarnos quietas mientras ella se mueve, movernos nosotras o movernos ambas a la vez, variando el ritmo tanto como nos plazca.

Es una postura perfecta para deleitarnos con la visión de nuestra amante disfrutando del placer compartido, además de ser una de las posturas que permite un contacto más completo entre las dos vulvas.

EL ROCE HACE EL CARIÑO...
¡Y EL PLACER!

COMPARTE EL VIAJE DEL PLACER CON QUIEN TE APETEZCA.

VULVA CON VULVA TERRENAL

Una de nosotras se tumbará boca arriba y la otra se colocará encima, de manera que nuestras vulvas se rocen. Es una postura en la que podremos besarnos con facilidad y acariciar el cuerpo de la otra; sus pechos, su abdomen y sus piernas. Con esta postura, animamos a explorar todo el cuerpo de la otra persona y el nuestro propio, y a dejar de reducir la sexualidad a los genitales.

Podemos introducir todas las variantes que se nos ocurran, como masturbarnos la una a la otra, además de hacer rozar nuestras vulvas. O podemos estimularnos el clítoris de forma externa. No se precisa la penetración para tener una sexualidad completa ni para llegar al orgasmo.

VULVA CON VULVA AÉREA

ALCANZA EL CIELO EN COMPAÑÍA.

Esta es otra postura con la que podemos disfrutar del roce de nuestra vulva con la vulva de nuestra compañera, de nuestros labios vaginales y de nuestro pubis. Es una postura muy excitante, pues también podremos acariciar el cuerpo de nuestra amante, mirarla a los ojos y contemplar sus expresiones de placer.

Hemos centrado la selección de posturas lésbicas en el roce de una vulva con la otra, no porque creamos que esta es la única forma de sexo entre mujeres, sino porque este libro también incluye un apartado específico dedicado a la masturbación y otro dedicado al sexo oral.

DOBLE

A las mujeres que disfrutamos con la penetración, nos encanta esta postura. Un dildo doble es un juguete sexual pensado para realizar dos penetraciones a la vez. Podemos usarlo en nosotras mismas o usarlo como un dildo normal, o podemos usarlo ambas al mismo tiempo.

Es un juguete erótico que nos abre muchas posibilidades:

ESTIMULAR EL CLÍTORIS DE NUESTRA PAREJA DE FORMA INDIRECTA, desde dentro de la vagina y a través de la penetración.

ESTIMULAR NUESTRO PROPIO CLÍTORIS DE FORMA INDIRECTA.

ESTIMULAR NUESTRO CLÍTORIS DE FORMA DIRECTA, rozándolo con el dildo.

ESTIMULAR NUESTRA VULVA, rozándola con el dildo.

ESTIMULAR EL CLÍTORIS Y LA VULVA DE NUESTRA PAREJA.

COMBINAR EL USO DEL DILDO CON OTRAS PRÁCTICAS SEXUALES, como el sexo oral.

Los juguetes sexuales son un complemento más, no la base del sexo, pero pueden ser un complemento muy excitante.

EL PLACER
DE LO PROFUNDO.

Como hemos visto a lo largo
del libro, la penetración no es la
práctica sexual por excelencia,
sino que es una práctica sexual
más. Seamos lesbianas o no,
podemos llevar una vida sexual
plena y satisfactoria sin recurrir a
la penetración, o recurriendo
a ella solo cuando a nosotras
nos apetezca.

PENETRACIÓN

Este último apartado es el que más similitudes guarda con el *Kamasutra* original, pues está dedicado casi por completo a la penetración.

El coito es una práctica sexual más y no «la práctica sexual», por eso hemos dejado este apartado para el final. Viviendo, como vivimos, sumergidas en una sociedad que relaciona y confunde «sexo» con «coito», hemos preferido priorizar el resto de prácticas sexuales antes que la penetración para darles mayor visibilidad.

Fijaos cómo de importante consideran la mayor parte de culturas la penetración, que es la práctica sexual que nos marca, hasta el punto de hacernos «perder la virginidad». Aunque tuviésemos una vida sexual plena con anterioridad a la penetración, parece ser que no es hasta que realizamos el coito que no dejamos de ser «vírgenes».

La crítica que hacemos a la penetración no es hacia la práctica del coito en sí misma, sino a la importancia desorbitada que se le otorga, situándola en el epicentro de la sexualidad y en la cima de una jerarquía que no se corresponde con la realidad.

La penetración no es mala. Tampoco es buena. Es simplemente una práctica sexual más, de las muchas que hay para elegir, como la masturbación o el sexo oral. Nuestra crítica, insisto una vez más, no es hacia el hecho de disfrutar la penetración, pues nos parece maravilloso que las mujeres que la disfrutan la practiquen. Nuestra crítica se encamina a confundir «coito» con «sexo», reduciendo la sexualidad a una sola práctica, cuando se compone de muchísimas otras, todas igual de importantes y de placenteras.

FLOR DE LOTO

Empezamos la parte de penetración con esta postura, muy conocida y muy placentera. Ideal para practicar penetración a un ritmo lento e íntimo.

ESTIMULACIÓN INTERNA DEL CLÍTORIS a través de la penetración.

Permite una **FÁCIL ESTIMULACIÓN EXTERNA DEL CLÍTORIS**, ya sea por nosotras mismas o por nuestra pareja.

POSIBILITA BESAR A NUESTRA PAREJA y hablar con ella, facilitando la comunicación durante el sexo.

CONSTANTE CUERPO A CUERPO y piel contra piel.

Esta postura aparecía en el *Kamasutra* original. Es de las pocas que hemos conservado, porque potencia una estimulación completa del clítoris.

EL PLACER ES NATURAL, COMO LAS FLORES.

EL CARRITO

La postura del carrito implica una movilidad alta, así que no es para todo el mundo. Si no es para nosotras, no pasa nada, por suerte existen muchas otras posturas donde elegir. Si no nos sentimos seguras de poder realizarla y disfrutarla, hay que animarse a pasar esta página y a descubrir y experimentar otras posturas con las que nos sintamos cómodas desde el principio.

Permite una penetración profunda, y por la posición en la que entrará el pene, habrá una estimulación constante del clítoris a través de la vagina.

RODANDO HASTA EL ORGASMO.

ENCIMA Y DE FRENTE

Si nos gusta tener el control sobre el ritmo y la intensidad de la penetración, esta postura es ideal para nosotras.

Al estar nosotras arriba, podremos decidir cómo, cuándo y a qué ritmo practicar la penetración. Nos podremos mover, dirigiendo la posición del pene dentro de nuestra vagina para una mayor estimulación indirecta del clítoris.

También es una postura que permite el contacto visual, los besos y que nos brinda un fácil acceso al pecho de nuestra pareja, a sus brazos, abdomen, manos y cuello, todas ellas partes potencialmente muy erógenas.

FUSIÓNATE CON EL PLACER. FUSIÓNATE CON TU PLACER.

ENCIMA Y DE ESPALDAS

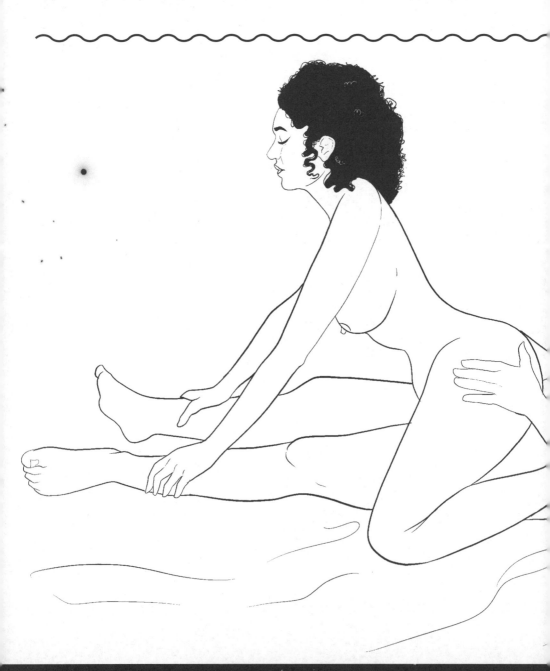

Nuestra pareja sexual se tumba en la cama y nosotras nos ponemos a horcajadas encima, dándole la espalda. Esta postura nos puede aportar sensaciones nuevas e interesantes, pues, al estar de espaldas a nuestra pareja, el ángulo de la penetración es distinto.

Podemos estimularnos el clítoris y, además, nuestra pareja tiene acceso a nuestro ano y, en caso de que nos apetezca, puede estimularlo, ya sea con sus dedos o con algún juguete sexual que nos apetezca probar.

DALE LA ESPALDA A LA VERGÜENZA Y LA CARA AL PLACER.

PENETRACIÓN TERRENAL

Esta postura consiste en tumbarnos boca abajo en la cama y que nuestra pareja sexual nos penetre desde atrás, tumbado encima de nosotras. Podrá acariciarnos la espalda, el cuello, los glúteos y los brazos, o recostarse con cuidado encima de nosotras y rozar toda la piel posible de nuestros cuerpos.

Si resulta que somos amantes especialmente comunicativos, con esta postura nuestra pareja sexual podrá acercar su boca a nuestro oído y besarlo, lamerlo o murmurarnos algunas palabras.

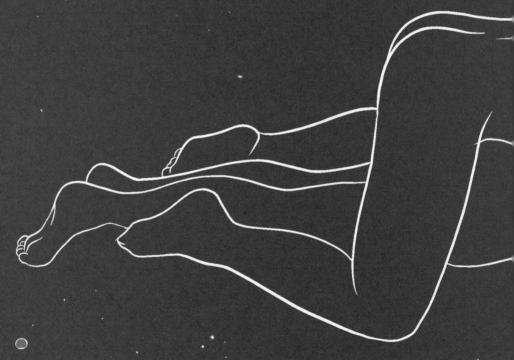

**ECHA UNA MIRADA A
TU CUERPO Y AGRADÉCELE
ESTAS SENSACIONES.**

PENETRACIÓN AÉREA

Si buscamos una posición cómoda pero diferente, esta postura nos va a encantar. Con nuestro amante tumbado en la cama y nosotras a horcajadas encima, y con una de sus piernas entre las nuestras, se abren muchas posibilidades.

FÁCIL ACCESO DE NUESTRA PAREJA SEXUAL A NUESTRO ANO.

NOSOTRAS TENDREMOS EL CONTROL DEL RITMO Y LA INTENSIDAD DE LA PENETRACIÓN.

PENETRACIÓN EN UN ÁNGULO DIFERENTE, que puede generar nuevas sensaciones.

También podremos frotar nuestra vulva contra su pierna, estimulando así el clítoris de forma directa, o podemos acariciarlo nosotras mismas con la mano.

PERMÍTETE LLEGAR AL CIELO SIN SALIR DE LA CAMA.

TERRENAL ALZADO

Esta postura es muy conocida, y su mayor característica destacable es que permite una penetración profunda. También permite la estimulación externa del clítoris, por una misma o por la pareja sexual, y la estimulación y penetración anal.

Que no nos dé vergüenza guiar a nuestra pareja en esta postura, porque al permitir una penetración profunda puede que incomode a algunas mujeres, aunque a tantas otras les sea placentero. Comuniquemos siempre nuestras sensaciones, y recordemos que hay muchas otras posturas y prácticas sexuales donde elegir. Escojamos solo aquellas en las que nos sentimos cómodas y nos den placer.

¡ATRÉVETE A COMUNICAR DURANTE EL SEXO!

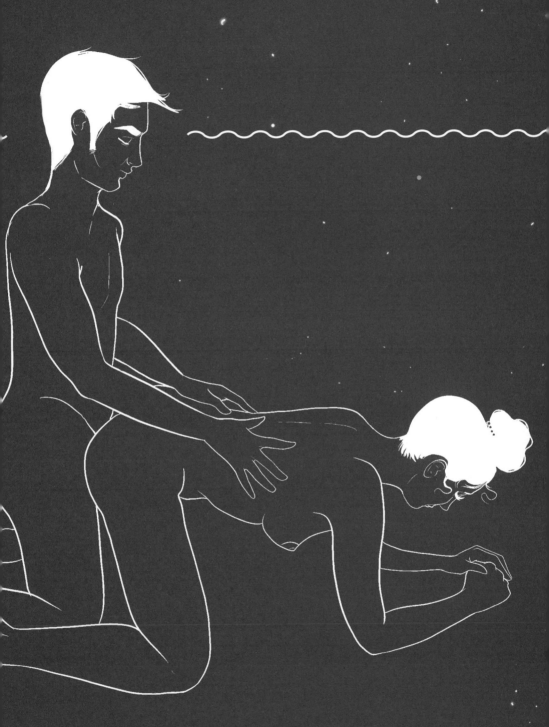

TOMAR ASIENTO

Si nos gusta estar abrazadas a nuestro amante durante el sexo, esta postura nos encantará. Es ideal para una penetración lenta y profunda y, al estar sentadas encima de nuestra pareja sexual, invita a permanecer abrazados, a los besos y a la intimidad. También facilita la comunicación.

Podremos estimularnos el clítoris o pedir a nuestra pareja que nos lo estimule, controlar el ritmo y la intensidad de la penetración, y jugar con algunos movimientos de caderas que nos ayuden a mover el pene dentro de nuestra vagina para lograr una mayor estimulación del clítoris.

LOS BESOS, LAS CARICIAS, LAS MIRADAS... ¡TAMBIÉN SON SEXO!

LADEADA

Tumbadas de lado y con nuestra pareja a nuestra espalda, esta postura ofrece muchas posibilidades.

PERMITE LA PENETRACIÓN VAGINAL.

PERMITE LA PENETRACIÓN ANAL.

PERMITE LA ESTIMULACIÓN DEL CLÍTORIS POR UNA MISMA.

PERMITE LA ESTIMULACIÓN DEL CLÍTORIS POR PARTE DEL OTRO.

LE DA A NUESTRA PAREJA LA POSIBILIDAD DE BESAR NUESTRO CUELLO, que es una parte del cuerpo muy erógena.

LE DA A NUESTRA PAREJA LA POSIBILIDAD DE ACARICIARNOS TODO EL CUERPO, desde los pechos hasta el abdomen, las piernas y los brazos.

Es una postura que facilita más una penetración superficial que una penetración profunda, sin embargo, y dado que la mayor parte de las terminaciones nerviosas de la vagina están cerca de la entrada, puede ser una postura igualmente placentera.

DISFRUTA DE LA PIEL CONTRA LA PIEL.

ALINEACIÓN COITAL

La alineación coital es una variante de una de las posturas sexuales más famosas y empleadas, conocida popularmente como «el misionero».

Nuestro amante debe colocar su cadera a la misma altura que la nuestra. Es decir, unos centímetros más arriba que donde se suele situar al practicar «el misionero». De esta forma, la base del pene rozará y estimulará el clítoris con cada movimiento. Por tanto, la alineación coital no solo permite una relación íntima y cercana, sino que estimulará el clítoris tanto de forma directa como de forma indirecta, a través de la penetración, otorgándonos más placer que otras posturas que solo lo estimulen de forma interna.

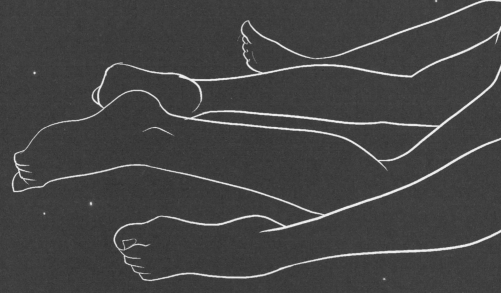

EL PLACER COMPARTIDO ES UNA FORMA DE CONEXIÓN CON LA OTRA PERSONA.

DEL REVÉS

~~~~~~~~~~~~~~~~~~~~~~~~~~~~~~~~

De nuevo una postura donde nosotras somos las que marcaremos el ritmo y la intensidad de la penetración, adaptándolos a lo que más nos apetezca en cada momento.

Esta postura facilita que nos estimulemos el clítoris, da acceso a nuestra pareja sexual a nuestro ano y puede resultar interesante para alternar con otras posturas similares, por ejemplo, con el 69.

SOLO TÚ PUEDES DECIDIR CUÁNDO Y CON QUIÉN COMPARTIR TU PLACER.

Deseamos que este apartado sobre la penetración os haya ayudado a verla como lo que es, una práctica sexual más, y que hayáis podido romper con la falaz idea de que la penetración es la meta a la que debe llegar toda relación sexual.

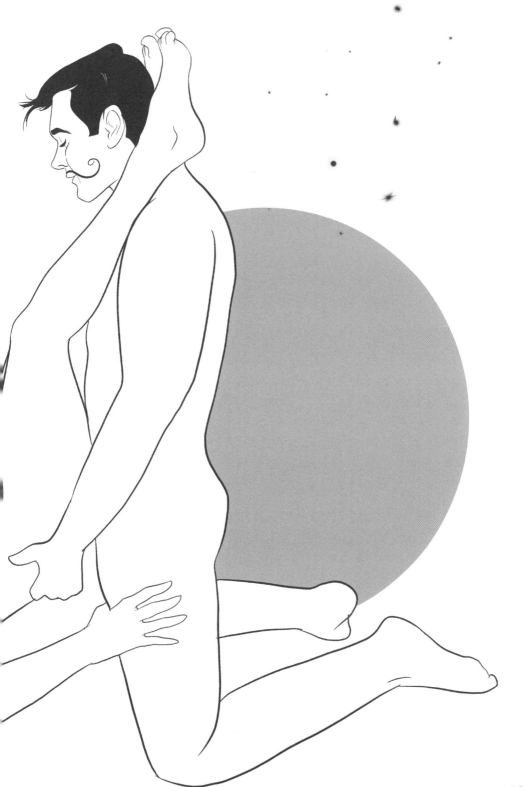

Este libro se terminó de imprimir en febrero de 2022